引体向上

学练测

一本通

王雄 朱昌宇 主编

人民邮电出版社

北京

图书在版编目（CIP）数据

引体向上学练测一本通 / 王雄，朱昌宇主编. — 北京：人民邮电出版社，2024.3
ISBN 978-7-115-62708-7

Ⅰ. ①引… Ⅱ. ①王… ②朱… Ⅲ. ①体育运动—运动训练 Ⅳ. ①G808.1

中国国家版本馆CIP数据核字(2023)第196596号

免 责 声 明

作者和出版商都已尽可能确保本书技术上的准确性以及合理性，并特别声明，不会承担由于使用本出版物中的材料而遭受的任何损伤所直接或间接产生的与个人或团体相关的一切责任、损失或风险。

内 容 提 要

引体向上测试是学生体质健康测试及体育考试中的重要项目，可通过强化手臂、肩部和背部肌肉的力量和耐力，有效提高测试成绩。

本书针对引体向上测试，首先从"怎么测"的角度介绍了测试规则、要点提示及影响因素在内的基础知识，接着从"怎么练"的角度讲解了测试成绩不合格的常见原因和技术训练方法，并提供了为期 6 周的日常提升训练方案，以及为期 3 周的突击训练方案。学生家长、体育老师、儿童青少年体能教练等可根据学生的实际情况和需求，参考或直接使用本书内容进行指导。

◆ 主　编　王　雄　朱昌宇
　　责任编辑　刘　蕊　宋高波
　　责任印制　彭志环
◆ 人民邮电出版社出版发行　北京市丰台区成寿寺路 11 号
　　邮编　100164　电子邮件　315@ptpress.com.cn
　　网址　https://www.ptpress.com.cn
　　北京九州迅驰传媒文化有限公司印刷
◆ 开本：880×1230　1/32
　　印张：2.875　　　　　　　　　2024 年 3 月第 1 版
　　字数：91 千字　　　　　　　2025 年 11 月北京第 3 次印刷

定价：39.80 元

读者服务热线：(010)81055296　印装质量热线：(010)81055316
反盗版热线：(010)81055315

目录

第3章　引体向上突击怎么练？

第 1 章

引体向上怎么测？

引体向上测试常用于评价个体上肢肌肉的力量和耐力水平。肌肉耐力能反映个体长时间进行肌肉活动或对抗身体疲劳的能力。对于测试者来说，肌肉耐力水平关乎其运动能力的形成与发展。同时，引体向上测试包含的抓、握等动作是日常生活中常用的动作，其完成效果与肩部、上臂、前臂和背部等肌群关系密切。因此，引体向上测试有助于及时发现测试者在肌肉力量和耐力方面存在的问题，从而进行有针对性的训练。此外，引体向上测试成绩在一定程度上受测试者体重的影响，因此定期测试还有助于提醒测试者通过合理的锻炼和科学的饮食将体重控制在正常范围内。

测试规则

1　站于单杠的正下方，向上跳起，双手正握单杠，呈直臂悬垂姿势。

2　身体静止后，背部和双臂同时用力，将身体向上拉至下颌超过单杠上缘。不得晃动身体、借力上拉。

3　将身体下降至双臂伸直，此为完成1次引体向上。重复以上动作，直至两次引体向上的间隔时间超过10秒或掉下单杠，测试结束，此时的计数即为测试成绩。

要点提示

测试前要做的准备

1 测试前应进行充分的热身。

2 穿合适的运动服和运动鞋。

测试时的注意事项

1 不允许在跳起握杠后顺势就开始做引体向上,也不允许双臂未完全伸直即开始下一次引体向上。这些均为不规范动作,不会被计数。

2 上拉时,身体不能有大幅度的晃动。

1.3

影响因素

引体向上是一个克服自身体重向上做功的技术动作，引体向上的完成需要上肢肌肉和背部肌肉的共同参与，因此其测试成绩主要受手臂、肩部和背部肌群的力量与耐力及体重的影响。

手臂、肩部和背部肌群的力量与耐力

在引体向上测试的上拉阶段初期，学生主要依靠手臂和肩部肌群的力量。从上拉阶段初期到上臂与身体垂直，再到上拉阶段结束，学生主要依靠背部肌群的力量。因此，这几个部位的肌肉力量在引体向上测试中发挥着重要作用。此外，引体向上测试属于力竭项目，学生需要在肌肉疲劳之前重复尽可能多的次数，因此相关部位的肌肉耐力也很重要。

体重

引体向上以自身体重为负荷，因此体重越重，在做这个动作时需要克服的阻力就越大。当然，不能绝对地说体重越重，引体向上测试成绩就越差。因为同样体积的肌肉比脂肪更重，很多身材健硕的个体的身体质量指数（BMI）超出正常范围是因为他们的肌肉较多，相应地，他们的力量素质也更好，引体向上测试成绩不见得会差。但绝大多数超重或肥胖的学生是因为体内脂肪含量过多，这样一来，他们需要克服的阻力很大，力量又不足，引体向上测试成绩自然就差。然而，体重也不是越轻越好，体重过轻意味着体内脂肪和肌肉含量均较少，可能不具备将自己拉起的力量。因此，学生应将体重控制在合理范围内。

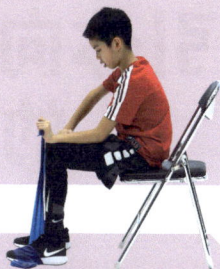

第 2 章

引体向上日常
怎么练?

　　训练引体向上应以手臂、肩部和背部肌群的力量和耐力练习为主,同时也不能忽视胸部肌群的练习,以使躯干前后侧的肌肉均衡发展。引体向上本身就是一个很好的具有针对性的训练动作,难以完成标准的引体向上的测试者可以在一开始借助弹力带降低动作难度,在相应肌肉的力量、耐力得到发展后再尝试标准的引体向上。此外,手臂、肩部和背部肌群的放松容易被忽略,也不易做到位,但放松不及时、不到位易导致疲劳积累甚至造成损伤,因此测试者要特别注意使用正确的方法放松相关肌肉。

引体向上成绩不合格的常见原因

动作不规范

学生在引体向上测试中的典型问题就是动作不规范,一些动作未被计数。想要解决这一问题,学生必须牢记动作要点:上拉时身体不能大幅度晃动,下颌要超过单杠上缘,下降时双臂必须伸直才能开始下一次动作。学生需反复多次练习,使动作规范化。

手臂和背部肌群力量不足

手臂和背部肌群力量不足会导致学生在测试时上拉困难、动作吃力、耐力不足,严重影响引体向上测试成绩。解决该问题的办法是进行手臂和背部肌群力量训练。

超重或肥胖

超重或肥胖的学生需要在发展与引体向上有关肌肉的力量和耐力的同时,通过合理的运动与科学的饮食控制体重。

引体向上技术训练

引体向上对身体素质的要求较高，很多学生一开始都难以完成标准的引体向上。教师可以从退阶练习开始教学，然后逐渐提升练习的难度和强度，帮助学生循序渐进地掌握动作要点并提升其身体素质，最终使学生能够又好又快地完成标准的引体向上。教师可以教授并带领学生有序地进行以下几个由易到难的练习：直臂悬垂、澳式引体向上、引体离心下降、反握半程引体向上、弹力带辅助引体向上和标准的引体向上。前两个练习可以帮助学生体会手臂和背部肌群的发力感，同时也可以增强这些部位肌肉的力量；中间两个练习能更有针对性地发展完成引体向上必需的力量；弹力带辅助引体向上则能帮助学生体验完整的引体向上动作。当学生能以标准动作重复数次每个阶段的练习，即可进阶到下一阶段，最终成功地完成标准的引体向上，之后可通过力量训练不断增加完成的次数。

6周日常提升训练方案

第1周日常提升训练方案

〰️ 第1阶段引体向上技能及其退阶练习

1 ▶ 第 10 页
猫式伸展

次数	10 次
组数	2
间歇	30 秒 ~1 分钟

2 ▶ 第 11 页
体侧屈

次数	10 次 / 侧
组数	2
间歇	30 秒 ~1 分钟

3 ▶ 第 12 页
直臂绕环

次数	10 次
组数	2
间歇	30 秒

4 ▶ 第 14 页
站姿 L 字

次数	10 次
组数	3
间歇	1 分钟

1～3 ➡️ **4～9** ➡️ **10**

热身　　　主体练习围绕引体向上退阶的澳式引体向上展开。　　整理

5 ▶ 第 16 页

澳式引体向上

次数	8～10 次
组数	3
间歇	2 分钟

6 第 17 页

弹力带跪姿斜角下拉

次数	12 次
组数	2
间歇	1.5 分钟

8 ▶ 第 19 页

单腿站抗阻俯身后拉

次数	10 次 / 侧
组数	3
间歇	1 分钟

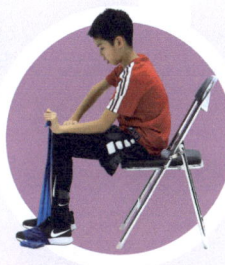

7 ▶ 第 18 页

弹力带坐姿单臂腕伸展

次数	10 次 / 侧
组数	3
间歇	1 分钟

9 第 20 页

哑铃站姿双臂弯举

次数	10 次
组数	3
间歇	1 分钟~1.5 分钟

10 ▶ 第 21 页

侧卧肩部拉伸

时长	20 秒 / 侧
组数	2
间歇	无

动作 1

猫式伸展

训练目标	柔韧性、灵活性
训练部位	背部、腹部、肩部
所需器材	瑜伽垫
主要肌肉	背阔肌、菱形肌、斜方肌、腹部肌群、肩部肌群

POINT !

双臂伸直并尽量与地面垂直，双脚脚尖触地。

1 身体呈俯身跪姿，双臂伸直，双手撑地，并处于肩部正下方，指尖朝前；膝和脚尖触地，且膝关节处于髋部正下方；核心收紧，背部挺直，与地面基本平行；目视双手方向。此为起始姿势。然后收腹收臀，同时吸气，背部尽可能地向上拱起。

2 在呼气的过程中，背部尽可能地向下，头部抬起，目视前方。回到起始姿势，循环进行，完成规定的次数。

第1周

动作 **2**

体侧屈

训练目标	柔韧性
训练部位	背部、核心
所需器材	无
主要肌肉	背阔肌、腹内斜肌、腹外斜肌

POINT

骨盆不能发生扭转。

1 身体呈直立姿势，双脚开立，间距略比肩宽，核心收紧，挺胸抬头，一侧手臂伸直举过头顶，对侧臂屈肘，手叉腰，目视前方。此为起始姿势。

2 躯干向叉腰侧侧屈，伸直的手臂同样向对侧倾斜，掌心朝下，直至目标肌肉有一定的牵拉感。回到起始姿势，换对侧重复上述动作。两侧交替进行，完成规定的次数。

动作3 直臂绕环

训练目标	灵活性
训练部位	肩部
所需器材	无
主要肌肉	肩部周围肌群

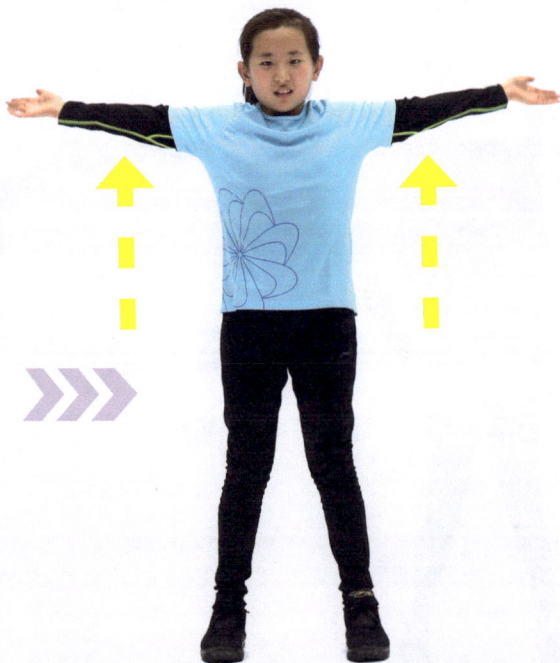

1 身体呈直立姿势，双脚开立，约与肩同宽，双臂伸直，自然垂于身体两侧，挺胸抬头，核心收紧，目视前方。此为起始姿势。双臂向后向上平举。

POINT

手臂向后绕环时，肩胛骨夹紧，手臂伸直。

2 再向前向下做绕环动作。回到起始姿势，完成规定的次数。

动作4　站姿L字

训练目标　**力量**

训练部位　**肩部、背部**

所需器材　**无**

主要肌肉　**菱形肌、斜方肌、肩袖肌群**

1 双脚开立，略比肩宽，屈髋屈膝，躯干前倾至与大腿的夹角为90度，挺胸直背，双臂自然下垂。

2 肩胛骨向内向下收紧，双臂屈肘，上臂向两侧展开。

POINT !

核心收紧，背部
挺直，不要耸肩。

3 前臂向上抬起至与躯干处于同一个平面，拇指向上。回到起始姿势，完成规定的次数。

动作5 澳式引体向上

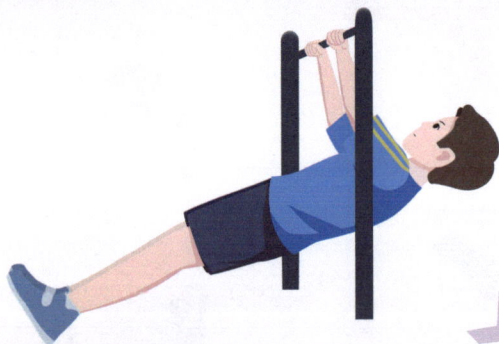

训练目标	力量
训练部位	上肢、背部
所需器材	单杠
主要肌肉	肱肌、肱二头肌、菱形肌、背阔肌、斜方肌、肩部肌群

POINT !

全程保持身体呈一条直线，肩胛骨收紧并下沉。让身体回到起始姿势的过程应是有控制的。身体与地面形成的角度决定了练习的难度，角度越小，难度越大。如果觉得该练习难度较大，可以退阶至屈膝来完成练习。

1 在单杠下方屈膝下蹲，双手正手握杠，间距大于肩宽，然后双腿向前伸，直至双腿伸直且与身体呈一条直线。此时，脚跟撑地，肩胛骨收紧并下沉。

2 将身体拉向单杠，尽可能使胸部贴杠，然后让身体回到起始姿势。拉起身体后回到起始姿势为完成1次。完成规定的次数。

第1周

动作 6 弹力带跪姿斜角下拉

POINT

在运动过程中保持上身挺直，核心收紧。

训练目标	力量
训练部位	上肢、背部
所需器材	瑜伽垫、弹力带
主要肌肉	背阔肌、斜方肌、菱形肌、肱肌、肱二头肌、三角肌后束

1 双腿分开跪于瑜伽垫上，与肩同宽，大腿及躯干保持直立。将弹力带的中段固定在身体正前方的高处，双手握住其两端。双臂向斜上方45度伸直并举过头顶，保持弹力带有一定的张力。

2 背部及上肢肌肉发力，双臂向斜下方拉弹力带，直至上臂垂直于地面。回到起始姿势，完成规定的次数。

动作 7 弹力带坐姿单臂腕伸展

POINT !

持弹力带侧手臂全程固定。

训练目标	力量
训练部位	手腕
所需器材	弹力带、椅子
主要肌肉	腕伸肌

1 坐在椅子上，双脚开立与肩同宽。将弹力带中段置于一侧脚底并用同侧手握住弹力带的两端，屈肘，使前臂置于同侧大腿上，保持弹力带有一定的张力。

2 手腕发力向上，对抗阻力伸展至最大幅度。回到起始姿势，完成规定的次数。换对侧重复上述动作。

第1周

动作 **8** 单腿站抗阻俯身后拉

POINT !

在运动过程中保持身体稳定，背部挺直，骨盆在中立位。

训练目标	力量、稳定性、平衡性
训练部位	上肢、背部
所需器材	哑铃
主要肌肉	斜方肌、背阔肌、菱形肌、肱肌、肱二头肌、肩部肌群、核心肌群、臀大肌

1 一侧手握住一只哑铃，对侧腿单腿站立，屈髋屈膝，身体前倾，另一侧腿向后抬起，哑铃垂于肩关节下方。

2 上背部发力，将哑铃向上拉至躯干一侧。回到起始姿势，完成规定的次数。换对侧重复上述动作。

动作 9 哑铃站姿双臂弯举

训练目标	力量
训练部位	上肢
所需器材	哑铃
主要肌肉	肱二头肌、肱肌

POINT !

运动过程中，
保持身体稳定，
上臂紧贴身体。

1 双脚开立，与肩同宽。双手各握一只哑铃垂于身体前侧，掌心向前。

2 上臂紧贴身体，发力屈臂，使哑铃最大限度地靠近双肩。回到起始姿势，完成规定的次数。

第1周

动作 **10** 侧卧肩部拉伸

训练目标	柔韧性
训练部位	肩部
所需器材	瑜伽垫
主要肌肉	肩外旋肌

POINT !

保持身体从头到脚在一条直线上。远地侧手下压对侧手臂的前臂时，对侧手臂的上臂接触垫面。

1 身体呈侧卧姿势，头部、躯干、腿部在一条直线上；近地侧上臂接触垫面，与躯干垂直，前臂抬起，与地面垂直；对侧手置于近地侧手的手背上。

2 远地侧手缓慢下压对侧手臂的前臂，直至对侧肩外旋肌有中等程度的牵拉感，保持该姿势至规定的时间。换对侧重复上述动作。

第2周日常提升训练方案

⚕ 第2阶段引体向上技能及其退阶练习

1 ▶ 第 24 页

站姿胸椎旋转

次数	8次/侧
组数	2
间歇	30秒~1分钟

2 ▶ 第 25 页

弓步屈臂后展

次数	10次
组数	2
间歇	30秒~1分钟

8 ▶ 第 31 页

平板支撑

时长	30秒
组数	3
间歇	1.5分钟

7 ▶ 第 30 页

跪姿俯卧撑

次数	10次
组数	3
间歇	1.5分钟

9 ▶ 第 32 页

跪姿背阔肌拉伸

时长	20秒
组数	2
间歇	30秒

1～2 →	3～8	→ 9～10
热身	主体练习围绕引体向上退阶的直臂悬垂展开。	整理

3 ▶ 第 26 页

直臂悬垂

时长 30 秒
组数 3
间歇 2 分钟

4 ▶ 第 27 页

弹力带站姿斜角下拉

次数 12 次
组数 3
间歇 1.5 分钟

6 ▶ 第 29 页

哑铃侧桥单臂飞鸟

次数 8 次 / 侧
组数 3
间歇 1.5 分钟

5 ▶ 第 28 页

弹力带站姿单臂稳定下砍

次数 10 次 / 侧
组数 3
间歇 1 分钟

10 ▶ 第 33 页

泡沫轴肱三头肌放松

时长 40 秒 / 侧
组数 2
间歇 无

第2周

动作 **1** 站姿胸椎旋转

训练目标	柔韧性、灵活性
训练部位	胸部
所需器材	无
主要肌肉	胸大肌、背阔肌

POINT !

核心收紧，髋部及下肢保持稳定。

1 双脚开立，与肩同宽，双膝微屈，屈髋使躯干前倾，背部挺直，双手交叉放在头后。

2 保持下肢与髋关节的稳定。以胸椎为轴，头部及躯干向一侧旋转至胸部和背部有一定程度的牵拉感。回到起始姿势，向另一侧旋转。完成规定的次数。

第2周 动作2 弓步屈臂后展

训练目标	柔韧性
训练部位	胸部
所需器材	无
主要肌肉	胸大肌

POINT !
保持肩部、颈部放松。

1 双脚前后站立，前侧腿屈膝，后侧腿伸直。挺胸直背，双臂前平举，肘关节屈曲90度，前臂向上，双臂并拢。

2 保持肘关节角度不变，双臂水平打开至肩关节两侧。回到起始姿势，完成规定的次数。

动作3 直臂悬垂

训练目标	力量
训练部位	上肢、背部
所需器材	单杠
主要肌肉	前臂肌群、背部肌群

POINT !

全程保持身体从头到脚在一条直线上，肩胛骨收紧并下沉。一旦感到不适，应立刻停止练习，不可勉强自己。

找一个高度合适的横杆，跳起，双手分开，正手握杠，间距大于肩宽，双臂伸直且身体从头到脚在一条直线上，此时肩胛骨收紧并下沉。保持该姿势至规定的时间。

第2周

动作4

弹力带站姿斜角下拉

训练目标 **力量**
训练部位 **上肢、背部**

所需器材 **弹力带**
主要肌肉 **三角肌后束、斜方肌、背阔肌、菱形肌、肱二头肌、肱肌**

POINT

身体保持挺直，双臂平行，向斜下方运动。

1 双脚开立，与肩同宽，将弹力带的中段固定在身体正前方的高处，双手握住其两端，双臂向斜上方伸直且平行，掌心相对，保持弹力带有一定的张力。

2 身体挺直，肩胛骨收紧，双臂向斜下方拉弹力带至双手到达胸前，然后回到起始姿势。完成规定的次数。

动作 5 弹力带站姿单臂稳定下砍

训练目标	力量、稳定性
训练部位	上肢、背部
所需器材	弹力带
主要肌肉	肩部肌群、斜方肌、背阔肌、菱形肌

POINT

在运动过程中保持骨盆稳定向前。

1 双脚分开站立，与肩同宽。将弹力带的一端固定在非练习侧手臂外侧的高处，练习侧手臂上抬，用该侧手握住弹力带的另一端，保持弹力带有一定的张力。

2 躯干及腿部保持稳定，胸部及上肢肌肉发力，练习侧手向斜后方下拉弹力带。回到起始姿势，完成规定的次数。换对侧重复该动作。

第2周

动作 6 哑铃侧桥单臂飞鸟

训练目标	力量、稳定性
训练部位	核心、背部、肩部
所需器材	哑铃、瑜伽垫
主要肌肉	核心肌群、斜方肌、菱形肌、肩部肌群

POINT !

在运动过程中保持身体稳定且从头到脚在一条直线上，核心收紧。

1 侧卧于瑜伽垫上，下侧手臂支撑身体，肘关节位于同侧肩关节的正下方，对侧手握住一只哑铃，屈肘，将哑铃放在身体前方。身体从头到脚在一条直线上。

2 上背部发力，握哑铃的手向上举起，呈单臂飞鸟状。回到起始姿势，完成规定的次数。换对侧重复该动作。

动作 **7**

跪姿俯卧撑

训练目标	力量
训练部位	上肢、胸部
所需器材	瑜伽垫
主要肌肉	胸大肌、三角肌前束、肱三头肌

POINT !

动作过程中，核心收紧，尽量使躯干与大腿在一条直线上。

1 身体呈四点支撑（双手和双膝着垫）的俯撑姿势。双臂伸直，双手间距略大于肩宽。双腿屈膝，双膝触垫，双脚抬起，保持躯干与大腿在一条直线上。

2 保持核心收紧，屈肘，使身体下落至胸部几乎碰到瑜伽垫。上肢肌群发力推起身体。回到起始姿势，完成规定的次数。

第2周
动作8 平板支撑

训练目标	稳定性、力量
训练部位	核心
所需器材	瑜伽垫
主要肌肉	核心肌群

POINT !

动作过程中，保持身体呈一条斜直线。
全程保持均匀呼吸。

身体呈四点支撑的俯撑姿势，核心收紧，背部挺直，双手间距约等于肩宽，双臂伸直，且双手位于肩部的正下方。双脚并拢，脚尖触垫支撑。头部、躯干和下肢应在一条直线上，保持该姿势至规定时间。

31

动作9 跪姿背阔肌拉伸

训练目标	柔韧性
训练部位	背部、肩部
所需器材	瑜伽垫
主要肌肉	背阔肌、肩部前侧肌群

POINT

臀部与脚跟接触，双手尽可能远离双膝，肩部向下压。

身体呈俯身跪地姿势，臀部向下坐于脚后跟上，躯干尽量挺直，双臂向头顶上方伸直，前臂、双手触碰瑜伽垫，指尖朝前，面部朝向瑜伽垫。此时可感受到背部有中等程度的牵拉感，保持该姿势至规定的时间。

第2周

动作 **10** 泡沫轴肱三头肌放松

训练目标 柔韧性、恢复再生　　**所需器材** 瑜伽垫

训练部位 上肢　　**主要肌肉** 肱三头肌

POINT ！

滚动泡沫轴时核心收紧，重点体会肱三头肌的按压感。

1 身体呈侧卧姿势，一侧手臂屈曲，手支撑头部，泡沫轴置于同侧上臂的下方，对侧手臂屈曲置于身体前方，手撑地。

2 移动身体，使泡沫轴在腋窝与肘关节之间来回滚动，滚动时在肌肉酸痛点上停留一定的时间。一侧动作达到规定时间后，换对侧重复该动作。

33

第3周日常提升训练方案

第3阶段引体向上技能及其退阶练习

2 ▶ 第 37 页
原地向后弓步转体

次数	8次/侧
组数	2
间歇	30秒~1分钟

1 ▶ 第 36 页
俯卧I字

次数	10次
组数	2
间歇	1分钟

7 ▶ 第 42 页
弹力带站姿单臂下拉

次数	10次/侧
组数	3
间歇	1.5分钟

8 ▶ 第 43 页
对侧两点平板支撑

次数	8次/侧
组数	3
间歇	1.5分钟~2分钟

9 ▶ 第 44 页
仰卧抱腿放松

时长	20秒
组数	2
间歇	30秒

1～2 ➡ 3～8 ━━━━━━━━━━━➡ 9～10

热身　　　主体练习围绕引体向上退阶的引体离心下降展开。　　　整理

3 ▶ 第 38 页
引体离心下降

次数	5 次
组数	4
间歇	2 分钟

4 ▶ 第 39 页
模拟蛙泳泳姿

次数	10 次
组数	3
间歇	1.5 分钟

5 ▶ 第 40 页
弹力带站姿俯身后拉

次数	10 次
组数	3
间歇	1 分钟

6 ▶ 第 41 页
弹力带四足俯卧撑

次数	10 次
组数	3
间歇	1.5 分钟 ~2 分钟

10 ▶ 第 45 页
三角肌后束被动拉伸

时长	30 秒 / 侧
组数	2
间歇	无

第3周

动作 **1**

俯卧I字

训练目标	灵活性、力量
训练部位	肩部、背部
所需器材	瑜伽垫
主要肌肉	肩部肌群、背部肌群

POINT !

保持核心收紧,拇指朝上,肩胛骨收紧后抬起手臂。

1 身体呈俯卧姿势,双臂过头顶伸直,贴近耳侧。双手握拳,拳心相对,拇指朝上伸直,整个身体呈"I"形。

2 两侧肩胛骨向下、向内收紧,双臂离地,保持3~5秒,回到起始姿势。完成规定的次数。

动作 **2**

原地向后弓步转体

训练目标	柔韧性、灵活性
训练部位	躯干、髋部、下肢
所需器材	无
主要肌肉	臀大肌、腘绳肌、腹内斜肌、腹外斜肌、胸椎周围肌群、髂腰肌、股直肌

POINT !
膝关节不要超过脚尖或内扣，躯干直立。

1 双脚开立，与肩同宽，一侧腿抬起向后跨步，同时前侧腿屈髋屈膝，下蹲至大腿与地面接近平行，呈弓步姿势。

2 后侧腿一侧的手置于对侧腹部，前侧腿一侧的手臂向身体后方伸展，同时躯干慢慢向同侧旋转至最大幅度。回到起始姿势，换对侧重复该动作。完成规定的次数。

37

动作3 引体离心下降

训练目标	力量
训练部位	上肢、背部
所需器材	单杠
主要肌肉	背阔肌、大圆肌、斜方肌中束、菱形肌、三角肌后束、肱肌、肱二头肌

POINT !

全程保持身体从头到脚在一条直线上，肩胛骨收紧并下沉。下降身体的过程应是缓慢的、有控制的。一旦感到不适，应立刻停止练习，不可勉强自己。

1 双手分开，正手握杠，间距大于肩宽，在他人的辅助下或脚踩凳子将身体向上拉至下颌超过单杠。

2 缓慢地下降身体至双臂完全伸直，呈直臂悬垂姿势，然后在他人的辅助下或脚踩凳子回到起始位置。此为完成1次。完成规定的次数。

动作 **4**

模拟蛙泳泳姿

训练目标	力量
训练部位	全身
所需器材	瑜伽垫
主要肌肉	身体后侧链肌群

POINT !

动作过程中，保持核心收紧，躯干发力使上半身抬起。

1 身体呈俯卧姿势，双臂屈曲收于身体两侧。双腿伸直，脚尖抬起。

2 保持核心收紧，双臂伸直向前，然后向身体两侧画圈、收回，模拟蛙泳动作。回到起始姿势，完成规定的次数。

动作5 弹力带站姿俯身后拉

训练目标	力量、稳定性
训练部位	上肢、背部
所需器材	弹力带
主要肌肉	背阔肌、大圆肌、三角肌后束、肱三头肌

POINT !

在运动过程中保持身体稳定，背部挺直，避免耸肩。

1 双脚分开站立，与肩同宽，双腿微屈，向前俯身。将弹力带的中段固定在身体正前方的低处，双手握住其两端。双臂于身体前方伸直，双手掌心相对，保持弹力带有一定的张力。

2 肩部后侧肌群和背部发力，双臂向后拉弹力带至双手到达髋关节两侧。回到起始姿势，完成规定的次数。

第3周

动作 6 弹力带四足俯卧撑

训练目标	力量
训练部位	上肢、胸部
所需器材	弹力带、瑜伽垫
主要肌肉	胸部肌群、核心肌群

POINT

运动过程中，保持背部挺直。

1 将弹力带中段置于背后，双手分别握住弹力带两端，弹力带保持一定的张力。身体呈俯卧姿势，双手、双膝支撑于垫上，其中双手位于肩关节正下方。

2 双臂屈肘，身体向下做俯卧撑动作，然后胸部及上肢肌肉发力，回到起始姿势。完成规定的次数。

动作 7 弹力带站姿单臂下拉

训练目标	力量
训练部位	肩部、背部
所需器材	弹力带
主要肌肉	肩部肌群、背阔肌

POINT !

在运动过程中保持核心收紧，避免耸肩。

1 双脚分开站立，与肩同宽。双手分别握住弹力带的两端，双臂向上伸直，举过头顶，保持弹力带有一定的张力。

2 运动过程中保持双臂伸直。非练习侧手臂保持稳定，上背部肌肉发力，练习侧手臂下拉弹力带至水平。回到起始姿势，换对侧重复上述动作。两侧交替进行，完成规定的次数。

动作 8 对侧两点平板支撑

训练目标 **稳定性、力量**
训练部位 **核心**
所需器材 **瑜伽垫**
主要肌肉 **核心肌群、肩部肌群、下肢肌群**

POINT !

整个动作过程中，保持核心收紧、腰背挺直。对侧手和腿抬起时，躯干保持稳定，减少身体的左右晃动，身体呈一条直线。

1 身体呈四点支撑的俯撑姿势（双手和双脚脚尖撑地），核心收紧，腰背挺直，保持双手位于肩部的正下方，双臂伸直。

2 背部挺直，腹部收紧，抬一侧手臂沿耳朵向前伸直至大约与地面平行；同时抬对侧腿至大腿约与地面平行。回到起始姿势，按照同样的动作标准，两侧交替进行，完成规定的次数。

第3周

动作 9 仰卧抱腿放松

训练目标	柔韧性
训练部位	背部
所需器材	瑜伽垫
主要肌肉	竖脊肌、背阔肌、菱形肌

POINT !

双臂抱紧双膝，双膝尽量靠近胸部。

1 身体呈仰卧姿势，头部与躯干紧贴瑜伽垫；双腿屈髋屈膝，双臂自然置于身体两侧，双手张开，掌心朝下。

2 双手交叉抱住双膝下部，将双腿拉向胸部；同时头部与肩部抬起，贴近双膝，直至主要肌肉有中等程度的牵拉感，保持该姿势至规定的时间。

44

第3周 动作 **10** 三角肌后束被动拉伸

POINT

拉伸过程中，躯干不要发生旋转。

训练目标	柔韧性
训练部位	肩部
所需器材	无
主要肌肉	三角肌后束

1 身体呈直立姿势，双脚开立，间距与肩同宽，核心收紧，挺胸抬头，目视前方。

2 一侧手臂内收，向对侧水平伸直，另一侧肘关节屈曲，锁住伸直的手臂，将其向身体方向拉动，直至三角肌后束有一定的牵拉感，保持该姿势至规定的时间。换对侧重复该动作。

45

第4周日常提升训练方案

🫀 **第4阶段引体向上技能及其退阶练习**

1 ▶ 第 48 页
俯卧 Y 字

次数	10 次
组数	2
间歇	1 分钟

2 ▶ 第 49 页
手臂钟摆

次数	10 次
组数	2
间歇	30 秒

7 ▶ 第 55 页
弹力带双臂屈臂伸

次数	10 次
组数	3
间歇	1.5 分钟

8 ▶ 第 56 页
弹力带加哑铃单臂弯举

次数	10 次 / 侧
组数	3
间歇	1 分钟

9 ▶ 第 57 页
肱三头肌被动拉伸

时长	20 秒 / 侧
组数	2
间歇	无

1～2 ➡ 3～8 ➡ 9～10

热身　　　主体练习围绕引体向上退阶的反握半程引体向上展开。　　　整理

3 ▶ 第 50 页
反握半程引体向上

次数　5 次
组数　4
间歇　2 分钟 ~3 分钟

4 ▶ 第 51 页
壶铃高位风车

次数　8 次 / 侧
组数　3
间歇　1 分钟 ~1.5 分钟

6 ▶ 第 54 页
模拟自由泳泳姿

次数　10 次
组数　3
间歇　1.5 分钟

5 ▶ 第 53 页
俯卧撑

次数　10 次
组数　3
间歇　2 分钟

10 ▶ 第 32 页
跪姿背阔肌拉伸

时长　20 秒
组数　2
间歇　30 秒

动作 1 俯卧Y字

训练目标	灵活性、力量
训练部位	肩部、背部
所需器材	瑜伽垫
主要肌肉	肩部肌群、背部肌群

POINT

保持核心收紧，拇指朝上，肩胛骨收紧后抬起手臂。

1 身体呈俯卧姿势，双臂伸直并打开，与躯干呈"Y"字形。双手握拳，拳心相对，拇指朝上。

2 双侧肩胛骨向下向内收紧，双臂尽可能向上抬，保持3～5秒。回到起始姿势，完成规定的次数。

第4周

动作2　手臂钟摆

训练目标	灵活性
训练部位	肩部
所需器材	无
主要肌肉	肩部肌群

POINT

手臂在做钟摆运动时，躯干始终朝向前方。

注意事项

双臂向前摆动的幅度可逐渐增大，最终向前摆至双臂向上伸直；摆动过程中，躯干尽可能保持不动。

1 身体呈直立姿势，双脚分开，与肩同宽，双臂自然垂于体侧。接着双臂向上，保持伸直。

2 像钟摆一样前后摆动，逐渐增大摆动幅度，至规定的次数。

动作3 反握半程引体向上

训练目标 力量	**所需器材** 单杠
训练部位 上肢、背部	**主要肌肉** 背阔肌、大圆肌、斜方肌中束、菱形肌、三角肌后束、肱肌、肱二头肌

1 双手分开，反手握杠，间距大于肩宽，将身体向上拉至上臂与地面平行。

2 继续将身体向上拉至下颌超过单杠，然后回到起始位置，此为完成1次。完成规定的次数。

第4周

动作4 壶铃高位风车

训练目标 力量、平衡性

训练部位 上肢、核心、髋部

所需器材 壶铃

主要肌肉 核心肌群、髋部肌群、三角肌、腘绳肌、肱三头肌

1 身体保持挺直，双脚开立。一侧手握壶铃，肘屈曲，将壶铃置于上臂前方，形成支撑姿势，对侧手臂水平伸直。

2 壶铃一侧的手臂发力，将壶铃向上推举至手臂伸直。

在运动过程中始终
保持壶铃位于上方。

注意事项

运动过程中要目视壶铃。

3 重心侧移，身体前屈并
向壶铃一侧旋转，另一
侧手尽可能触摸地面。
双眼看向壶铃。

4 保持双眼看向壶铃，起身
直立。身体交替前屈、旋
转、直立，完成规定的次
数。换对侧重复上述步骤。

第4周

动作 **5**

俯卧撑

训练目标	力量
训练部位	上肢、胸部
所需器材	瑜伽垫
主要肌肉	胸大肌、三角肌前束、肱三头肌

POINT !

保持头、躯干、下肢在一条直线上，避免塌腰、抬臀。

1 身体呈四点支撑（双手和双脚脚尖着垫）的俯撑姿势。双臂伸直，双手间距略大于肩宽，保持头、躯干、下肢在一条直线上。

2 核心收紧，屈肘，身体下落至胸部几乎碰到瑜伽垫。上肢肌群发力撑起，回到起始姿势，完成规定的次数。

动作6 模拟自由泳泳姿

训练目标	力量	所需器材	瑜伽垫
训练部位	全身	主要肌肉	身体后侧链肌群

POINT !

动作过程中，核心收紧，避免过度仰头，肩胛骨向后缩。

1 身体呈俯卧姿势，双腿伸直，脚尖着垫。保持核心收紧，肩胛骨向后缩，躯干发力使上半身抬离垫面，同时将双臂和双腿抬起。一侧手臂伸直向前推出，对侧手臂伸直向后推出，同时身体转向后推手侧。

2 双臂交替进行，模拟自由泳动作，完成规定的次数。

第4周

动作 7

弹力带双臂屈臂伸

训练目标	力量
训练部位	上肢
所需器材	弹力带、椅子
主要肌肉	肱三头肌、肩关节周围肌肉

POINT

全程避免双肘向外打开。

邮电

1 将弹力带中段绕于颈后，经过肩关节前侧，用双手握住两端。双脚分开，距离与肩同宽。双腿屈曲90度，大腿与地面平行；同时双臂伸直，双手支撑于训练椅上，保持弹力带有一定的张力。

2 动作过程中保持身体挺直，不要耸肩。肱三头肌发力，屈曲双肘，身体向下蹲。然后上臂和肩部发力，推起身体，回到起始姿势，完成规定的次数。

动作8 弹力带加哑铃单臂弯举

训练目标	力量
训练部位	上肢
所需器材	弹力带、哑铃
主要肌肉	肱二头肌、肱肌

POINT !

全程核心收紧，背部挺直，上臂贴靠身体。

1 将弹力带一端固定在脚下，另一端缠绕于哑铃上。双臂自然垂于体侧，一侧手握住哑铃，掌心向前，保持弹力带有一定的张力。

2 持哑铃侧上臂贴靠躯干，肱二头肌发力，前臂向上弯举至掌心向后。回到起始姿势，完成规定次数。换对侧重复上述动作。

第4周

动作**9**

肱三头肌被动拉伸

训练目标	柔韧性
训练部位	上肢
所需器材	无
主要肌肉	肱三头肌

POINT !

全程保持拉伸侧手臂大幅度屈曲，背部挺直。

1 身体呈站立姿势，挺胸抬头，目视前方。

2 一侧手臂屈曲并上举，对侧手在该侧肘外侧进行推动，直至该侧上臂后侧肌肉有中等程度的牵拉感，保持该姿势至规定的时间。回到起始姿势，换对侧重复上述动作。

下一个动作：动作 10
跪姿背阔肌拉伸
→见第 32 页

第5周日常提升训练方案

第5阶段引体向上技能及其退阶练习

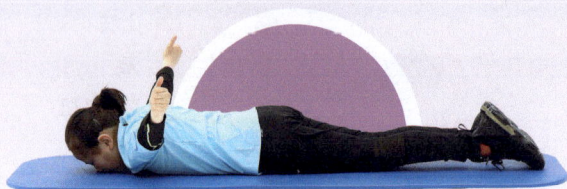

1 ▶第 60 页

俯卧 T 字

次数	10 次
组数	2
间歇	1 分钟

2 ▶第 61 页

最伟大拉伸

次数	6 次 / 侧
组数	2
间歇	30 秒 ~1 分钟

3 ▶第 63 页

弹力带辅助引体向上

次数	5 次
组数	4
间歇	2 分钟 ~3 分钟

1~2 ➡ 3~6 ━━━━━━━➡ 7

热身　　　　主体练习围绕引体向上退阶的弹力带辅助引体向上展开。　　整理

4 ▶ 第64页
俯桥单臂上举

次数	8次/侧
组数	3
间歇	1.5分钟~2分钟

5 ▶ 第65页
弹力带俯卧撑

次数	10次
组数	3
间歇	2分钟

6 ▶ 第66页
弹力带深蹲后拉

次数	10次
组数	3
间歇	1.5分钟

7 ▶ 第67页
下犬式

时长	30秒
组数	2
间歇	30秒

动作 1 俯卧T字

训练目标	灵活性、力量
训练部位	肩部、背部
所需器材	瑜伽垫
主要肌肉	肩部肌群、背部肌群

POINT !

保持核心收紧，拇指朝上，肩胛骨收紧后抬起双臂。

1 身体呈俯卧姿势，双臂向两侧伸直，与躯干呈"T"字形，双手握拳，拇指朝上。

2 双侧肩胛骨向下向内收紧，双臂尽可能向上抬，保持3～5秒。回到起始姿势，完成规定的次数。

第5周

动作 **2**

最伟大拉伸

训练目标	柔韧性、灵活性
训练部位	全身
所需器材	无
主要肌肉	腘绳肌、臀大肌、髂腰肌、股四头肌、腓肠肌、比目鱼肌、竖脊肌、背阔肌、腹内斜肌、腹外斜肌

POINT

向前迈出的步子应尽量大一些。

1 双脚并拢站立，背部挺直，腹部收紧，双臂自然垂于身体两侧。

2 一只脚向前迈，至大腿与地面基本平行，呈弓步。俯身，用前侧腿的对侧手支撑，另一侧手臂的肘关节抵在前侧脚的内侧。

POINT !

转体时，躯干保持稳定，身体与后侧腿呈一条直线。

注意事项

整个动作过程中，保持核心收紧，腰背挺直，身体保持平衡。

3 身体向前侧腿同侧转，手臂向上打开，眼睛看手指尖，双臂呈一条直线。

4 打开的手臂收回并支撑于同侧的脚外侧的地面上，同侧腿从屈膝状态伸直，以脚跟支撑。回到弓步姿势，后侧腿蹬起，回到起始姿势。换对侧重复上述动作。完成规定的次数。

第5周

动作 3 弹力带辅助引体向上

训练目标	力量	**所需器材**	单杠
训练部位	上肢、背部	**主要肌肉**	背阔肌、大圆肌、斜方肌中束、菱形肌、三角肌后束、肱肌、肱二头肌

POINT

全程保持身体从头到脚在一条直线上，肩胛骨收紧并下沉。一旦感到身体不适，应立刻停止练习，不可勉强自己。

1 将弹力带固定在单杠上，双脚踩弹力带，双手分开，正手握杠，间距大于肩宽。

2 身体向上拉至下颌超过单杠，然后回到起始位置。上拉身体后回到起始位置为1次。完成规定的次数。

动作4 俯桥单臂上举

训练目标	力量、稳定性
训练部位	核心
所需器材	瑜伽垫
主要肌肉	核心肌群、肩部肌群

POINT

动作过程中，核心收紧，背部挺直，身体保持稳定，不能左右晃动。

身体呈四点支撑姿势，核心收紧，背部挺直。双肘支撑于肩部的正下方。双腿伸直，双脚脚尖触垫支撑。一侧手臂沿耳朵向前伸直，与地面接近平行。保持该姿势至规定的时间，换对侧重复上述动作。

动作5 弹力带俯卧撑

POINT!

在运动过程中核心收紧。

训练目标	力量
训练部位	上肢、胸部
所需器材	瑜伽垫
主要肌肉	胸大肌、肱三头肌、前锯肌、三角肌前束

1 将弹力带的中段绕过上背部，双手握住其两端，保持弹力带有一定的张力。身体呈俯卧姿势，双手与双脚脚尖支撑于瑜伽垫上，双手位于肩关节的正下方，身体从头到脚在一条直线上。

2 屈肘，身体向下做俯卧撑动作。胸部及上肢肌肉发力，回到起始姿势，完成规定的次数。

动作6 弹力带深蹲后拉

训练目标	力量
训练部位	下肢、髋部、背部、上肢
所需器材	弹力带
主要肌肉	臀大肌、股四头肌、腘绳肌、腓肠肌、比目鱼肌、背部肌群、肩部肌群

POINT

动作过程中尽量避免膝关节超过脚尖，避免耸肩。

1 双脚开立，距离与肩同宽。将弹力带中段固定在身体正前方与肩同高处，双手分别握住弹力带两端。双臂向前水平伸直，掌心向下，保持弹力带有一定的张力。

2 保持背部挺直，屈髋屈膝，深蹲至大腿几乎与地面平行；同时背部及上肢肌肉发力，双臂水平后拉弹力带，至上臂与肩关节呈一条直线，双肘屈曲90度。然后下肢和髋部发力，充分蹬伸，同时双臂前伸，回到起始姿势，完成规定的次数。

第5周

动作 **7** 下犬式

训练目标	柔韧性
训练部位	下肢、背部、胸部
所需器材	瑜伽垫
主要肌肉	腓肠肌、比目鱼肌、腘绳肌、背阔肌、胸大肌

POINT !
头部和背部呈一条直线。

1 身体呈俯撑姿势，脚跟抬起，双手和双脚脚尖撑地，双臂和双腿伸直。

2 手臂向后推，臀部抬起，双腿保持伸直，直至目标肌肉有一定程度的牵拉感。保持该姿势至规定的时间。

第6阶段引体向上退阶动作能力提升

1 ▶ 第70页
毛毛虫爬行

次数	8次
组数	2
间歇	1分钟~1.5分钟

2 ▶ 第71页
印度式俯卧撑

次数	8次
组数	2
间歇	1分钟~1.5分钟

3 ▶ 第63页
弹力带辅助引体向上

次数	8~10次
组数	4
间歇	2分钟~3分钟

1～2	➡	3～6		7
热身		主体练习是在第 5 周的基础上进一步提升能力。		整理

4 ▶ 第 73 页
俯卧 W 字

次数	10 次
组数	3
间歇	1 分钟

5 ▶ 第 74 页
鳄鱼爬行

次数	8 次 / 侧
组数	3
间歇	2 分钟

6 ▶ 第 75 页
哑铃坐姿锤式推举

次数	8～10 次
组数	3
间歇	1.5 分钟

7 ▶ 第 76 页
泡沫轴背阔肌放松

时长	40 秒 / 侧
组数	2
间歇	无

动作 1 毛毛虫爬行

训练目标	稳定性、柔韧性、协调性
训练部位	全身
所需器材	无
主要肌肉	竖脊肌、臀大肌、腘绳肌、腓肠肌、腹直肌、髂腰肌、股直肌

POINT !

爬行过程中保持核心收紧、躯干稳定，身体不要左右晃动。

1 身体呈直立姿势，双脚间距与肩同宽，挺胸抬头，目视前方。

2 保持腹部收紧，屈髋俯身使双手着地，并保持双腿伸直，但不要锁死。保持双脚相对位置不变的同时，双手交替向前移动。

第6周

动作 2 印度式俯卧撑

训练目标	柔韧性	所需器材	瑜伽垫
训练部位	全身	主要肌肉	腹直肌、髂腰肌、股直肌、竖脊肌、臀大肌、腘绳肌、腓肠肌

1 身体呈四点支撑的俯撑姿势（双手和双脚脚尖撑地）。双臂伸直，双手距离略比肩宽。保持身体在一条直线上。头部抬起，髋部慢慢下沉，保持双臂伸直，身体呈反弓形。

POINT

双手推垫至
手臂与躯干
呈一条直线。

2 双手推垫，使髋部慢慢上移至手臂与躯干在一条直线上，身体呈倒"V"字形。回到起始姿势，完成规定的次数。

下一个动作：动作3
弹力带辅助引体向上
→见第63页

第6周

动作 **4**

俯卧W字

训练目标	力量、稳定性
训练部位	肩部、背部
所需器材	瑜伽垫
主要肌肉	肩部肌群、背部肌群

POINT !

保持核心收紧，拇指朝上，肩胛骨收紧后抬起双臂。

1 身体呈俯卧姿势，双臂屈肘，大致呈"W"字形。双手握拳，拳心相对，拇指朝上。

2 双侧肩胛骨向下向内收紧，双臂尽可能向上抬，保持3～5秒。回到起始姿势，完成规定的次数。

动作5 鳄鱼爬行

训练目标	力量、协调性
训练部位	全身
所需器材	无
主要肌肉	全身肌肉

POINT !

核心收紧，
背部平直。

1 身体呈俯卧撑起始姿势，双臂伸直支撑于地面，双手位于肩关节的正下方，双腿伸直，双脚脚尖撑地，面部朝下。

2 一侧手向前，同时对侧腿跟进屈髋外展，直至膝关节接近同侧肘部时，双臂屈肘约90度，身体向地面靠近。接着，双臂发力，向上撑起，手臂和屈曲侧腿部伸直，另一侧手臂和腿继续向前移动，完成对侧动作。两侧交替进行，完成规定的次数。

第6周

动作 6 哑铃坐姿锤式推举

训练目标　力量
训练部位　上肢
所需器材　哑铃、训练椅
主要肌肉　肱三头肌、三角肌前束

POINT !

在运动过程中保持上身挺直。

1 坐在训练椅上，双脚分开，与肩同宽，双脚平放在地上。双手各握一只哑铃，屈曲肘关节将哑铃举起，使哑铃与肩齐平，掌心相对。

2 肩部发力，同时伸直肘关节，将哑铃举过头顶。回到起始姿势，完成规定的次数。

动作 **7** 泡沫轴背阔肌放松

POINT !

滚动泡沫轴时核心收紧，重点体会背阔肌的按压感。

训练目标	柔韧性、恢复再生
训练部位	背部、肩部
所需器材	瑜伽垫、泡沫轴
主要肌肉	背阔肌、大圆肌

1 屈膝坐于瑜伽垫上，身体后倾，一侧手臂向后自然伸直，掌心朝上，泡沫轴置于同侧腋窝下方，对侧手臂屈曲支撑于体前。

2 移动身体，使泡沫轴在下腰背的一侧与腋窝之间来回滚动，滚动时在肌肉酸痛点上停留一定的时间。一侧动作达到规定时间后，换对侧重复该动作。

第 **3** 章

引体向上突击怎么练？

　　想要引体向上做得多，手臂和背部肌肉的力量和耐力必不可少，因此3周的突击训练均会围绕手臂与背部肌肉的力量进行训练，以提高引体向上的成绩。同时，突击训练还会涉及引体向上的专项训练，将引体向上的动作分解，使身体学会如何正确发力，完成引体向上，并逐步提高效率。注意，虽然突击训练的目的是在短时间内提高肌肉力量，但是两次训练之间应至少间隔24小时。

第1周突击训练方案

1 ▶ 第 10 页
猫式伸展

次数	10 次
组数	2
间歇	30 秒 ~1 分钟

2 ▶ 第 11 页
体侧屈

次数	10 次 / 侧
组数	2
间歇	30 秒 ~1 分钟

8 ▶ 第 18 页
弹力带坐姿单臂腕伸展

次数	10 次 / 侧
组数	3
间歇	1 分钟

7 ▶ 第 30 页
跪姿俯卧撑

次数	10 次
组数	3
间歇	1.5 分钟

9 ▶ 第 55 页
弹力带双臂屈臂伸

次数	10 次
组数	3
间歇	1.5 分钟

10 ▶ 第 56 页
弹力带加哑铃单臂弯举

次数	10 次 / 侧
组数	3
间歇	1 分钟

1～3	→	4～10	→	11～12
热身		主体练习围绕引体向上退阶的澳式引体向上，及其分解力量练习为主。		整理

3 ▶ 第 12 页
直臂绕环

次数	10 次
组数	2
间歇	30 秒

4 ▶ 第 16 页
澳式引体向上

次数	10 次
组数	3
间歇	2 分钟

6 ▶ 第 27 页
弹力带站姿斜角下拉

次数	10 次
组数	3
间歇	1.5 分钟

5 ▶ 第 26 页
直臂悬垂

时长	30 秒
组数	3
间歇	2 分钟

11 ▶ 第 76 页
泡沫轴背阔肌放松

时长	40 秒 / 侧
组数	2
间歇	无

12 ▶ 第 67 页
下犬式

时长	20 秒
组数	2
间歇	30 秒

第2周突击训练方案

1 ▶ 第 36 页

俯卧 I 字

次数	10 次
组数	2
间歇	1 分钟

2 ▶ 第 61 页

最伟大拉伸

次数	6 次 / 侧
组数	2
间歇	30 秒 ~1 分钟

7 ▶ 第 75 页

哑铃坐姿锤式推举

次数	8 ~ 10 次
组数	3
间歇	1 分钟

8 ▶ 第 31 页

平板支撑

时长	30 秒
组数	3
间歇	1.5 分钟

9 ▶ 第 84 页

分腿姿体侧屈

时长	20 秒 / 侧
组数	2
间歇	无

1～2 ➡ 3～9 ➡ 10

热身　　主体练习围绕引体向上退阶的反握半程引体向　整理
　　　　上，及其分解力量练习为主。

3 ▶ 第 50 页

反握半程引体向上

次数	5 次
组数	3
间歇	2 分钟 ~3 分钟

4 ▶ 第 38 页

引体离心下降

次数	5 次
组数	3
间歇	2 分钟

6 ▶ 第 41 页

弹力带四足俯卧撑

次数	10 次
组数	3
间歇	1.5 分钟 ~2 分钟

5 ▶ 第 39 页

模拟蛙泳泳姿

次数	10 次
组数	3
间歇	1.5 分钟

10 ▶ 第 32 页

跪姿背阔肌拉伸

时长	20 秒
组数	2
间歇	30 秒

3.3

第3周突击训练方案

1 ▶ 第 24 页
站姿胸椎旋转

次数	8 次 / 侧
组数	2
间歇	30 秒 ~1 分钟

2 ▶ 第 25 页
弓步屈臂后展

次数	10 次
组数	2
间歇	30 秒 ~1 分钟

3 ▶ 第 63 页
弹力带辅助引体向上

次数	8 ~ 10 次
组数	4
间歇	2 分钟 ~3 分钟

4 ▶ 第 16 页
澳式引体向上

次数	10 次
组数	3
间歇	2 分钟

5 ▶ 第 54 页
模拟自由泳泳姿

次数	10 次
组数	3
间歇	1.5 分钟

1～2 ➡ 3～9 ➡ 10

热身　　　主体练习围绕引体向上退阶的弹力带辅助引体向上，及其分解力量练习为主。　　　整理

6 ▶ 第 85 页
弹力带俯身划船

次数	10 次
组数	3
间歇	1.5 分钟

7 ▶ 第 65 页
弹力带俯卧撑

次数	10 次
组数	3
间歇	2 分钟

8 ▶ 第 66 页
弹力带深蹲后拉

次数	10 次
组数	3
间歇	1.5 分钟

9 ▶ 第 44 页
仰卧抱腿放松

时长	20 秒
组数	2
间歇	30 秒

10 ▶ 第 33 页
泡沫轴肱三头肌放松

时长	40 秒 / 侧
组数	2
间歇	无

分腿姿体侧屈

训练目标	柔韧性
训练部位	躯干
所需器材	无
主要肌肉	腰方肌、腹内斜肌、腹外斜肌、背阔肌

POINT
躯干侧屈时要缓慢、持续。

1 双脚前后站立，脚尖向前，后侧腿的同侧手臂向上伸过头顶，对侧手叉腰。

2 举起的手臂向身体对侧倾斜至躯干一侧肌肉有一定程度的牵拉感，保持该姿势至规定的时间。换对侧重复该动作。

弹力带俯身划船

训练目标	力量
训练部位	背部、肩部
所需器材	弹力带
主要肌肉	斜方肌中束、菱形肌、背阔肌、肩袖肌群、肱二头肌

POINT

运动过程中躯干保持挺直。向上拉时，注意肩胛骨后缩。

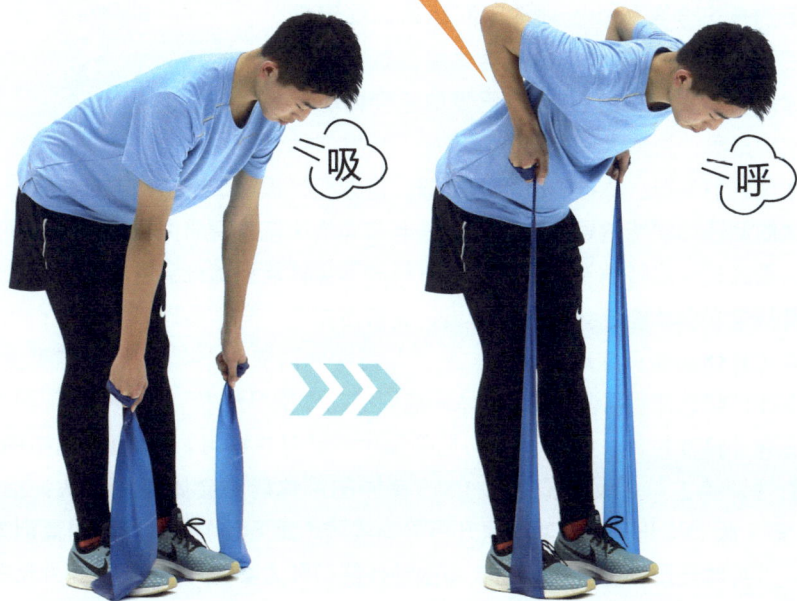

吸

呼

1 身体呈直立姿势，双脚分开，与肩同宽，双腿伸直，躯干挺直并前倾至与地面接近平行，双脚踩住弹力带中段，双手各持弹力带一端，掌心相对。

2 躯干保持挺直，肩胛骨后缩，双臂贴紧身体两侧，屈肘伸肩，向上拉弹力带，直至双手位于身体两侧。然后回到起始姿势。完成规定的次数。

作者简介

王雄

　　清华大学运动人体科学硕士，体育教育训练学博士；副研究员；硕士生导师；国家体育总局训练局体能训练中心创建人、负责人；现任国家体育总局训练局体能训练中心主任；国家体育总局备战 2012 年伦敦奥运会身体功能训练团队召集人、中方总协调；备战 2016 年里约奥运会身体功能训练团队体能训练组组长；备战 2020 年东京奥运会体能训练保障营体能负责人；备战 2024 年巴黎奥运会体能专家组成员、召集人；为游泳、田径、举重、乒乓球、羽毛球、体操、跳水、排球、篮球和帆板等二十余支国家队提供过体能测评和训练指导服务；清华 - 长三角研究院特聘研究员，国家体育总局教练员学院特聘专家，中国体育科学学会体能训练分会常委，北京市体育科学学会体能分会副主任委员，北京市体育科学学会理事会理事；主编有《身体功能训练动作手册》及"儿童身体训练动作指导丛书""青少年身体训练动作指导丛书""身体功能训练动作指导丛书"等二十余部图书；译有《精准拉伸：疼痛消除和损伤预防的针对性练习》《体育运动中的功能性训练（第 2 版）》《NSCA-CSCS 美国国家体能协会体能教练认证指南（第 4 版）》《儿童身体素质提升指导与实践（第 2 版）》《青少年力量训练：针对身体素质、健身和运动专项的动作练习和方案设计》《女性健身全书》《50 岁之后的健身管理》《美国国家体能协会力量训练指南》《NASM-CES 美国国家运动医学学会纠正性训练指南（修订版）》《执教的语言：动作教学中的科学与艺术》《游泳科学：优化水中运动表现的技术、体能、营养和康复指导》《跑步科学：优化跑者运动表现的技术、体能、营养和康复指导》等二十余部作品；在《体育科学》《中国体育科技》、*Journal of Sports Sciences* 等中外期刊发表文章十余篇；研究方向包括：身体训练（专业体能和大众健身）、儿童青少年体育、健康促进工程等。

朱昌宇

　　武汉体育学院体育教育训练学硕士；国家体育总局训练局体能训练中心体能训练师；担任美国心脏协会（AHA）培训导师，获得美国国家运动医学学会纠正性训练专家（NASM-CES）、MJP青少年运动表现训练专家（MJP-CNDS）认证；中国国家田径队备战2020年东京奥运会、2022年尤金世锦赛、2023年布达佩斯世锦赛和2022年杭州亚运会跳远 / 三级跳远项目体能教练，中国国家男子青年篮球队备战2018年亚青赛和2019年世青赛体能教练，中国国家女子乒乓球队备战2017年杜塞尔多夫世乒赛体能教练组成员；2015年至2016年，担任广州市乒乓球队、击剑队、足球队、羽毛球队等队伍的体能教练；著有《人体运动彩色解剖图谱：肌肉爆发力训练》和《药球训练全书》，译有《美国国家体能协会篮球力量训练指南》。